AF339204

QUE DEVIENDRA LE MONDE

SI

L'ANGLETEERE

SUCCOMBE DANS SA LUTTE

CONTRE LA FRANCE.

Traduit de l'allemand, avec des notes par
M. J. WEILER.

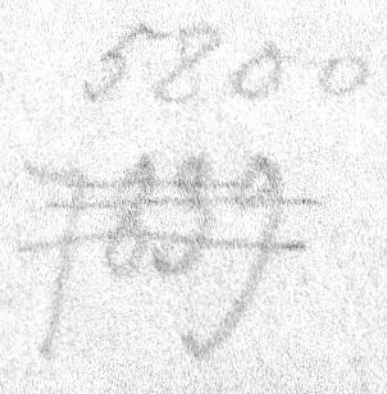

A PARIS.

Chez Dabin, libraire, Palais du Tribunat.

Juin — 1806.

EXAMEN DE LA QUESTION:

QUE DEVIENDRA LE MONDE

SI

L'ANGLETERRE

SUCCOMBE DANS SA LUTTE

CONTRE LA FRANCE (A).

LA grande question qui occupe aujourd'hui tous les politiques est de savoir *ce que deviendra le Monde si l'Angleterre succombe dans sa lutte contre la France.* Cet événement leur fait craindre le comble des maux, les trônes s'écroulent et sur leurs débris ils voient s'établir la monarchie universelle, parce qu'avec la chûte de l'Angleterre disparaît tout contre-poids, toute opposition en état de contre-balancer la France.

Ces craintes tomberaient d'elles-mêmes, si l'on voulait examiner avant tout, avec quel fondement on peut attribuer à la France le desir de subjuguer l'Angleterre; mais on aime mieux se laisser aller à des chimères que d'entamer de bonne foi la discussion de cette question.

Les mêmes chimères paraissent avoir dominé

l'auteur du *nouveau Léviathan* ; car il ne propose rien de moins dans le quatrième livre de cet ouvrage que de permettre à l'Angleterre de faire des acquisitions de riches mines d'or et d'argent. Mais une opposition entre les richesses numériques et les richesses nationales entraînerait en Angleterre la chute de la constitution et de la dette publique , le résultat en serait un changement total dans l'esprit public , puisque du moment que le gouvernement cesserait d'être le débiteur de la nation , toutes les haines qu'elle porte aux autres peuples s'effaceraient pour faire place à des sentimens libéraux que le gouvernement a intérêt d'étouffer. Cette mesure , d'ailleurs est contraire à l'esprit qui l'a toujours animé de ne faire aucune acquisition de mines d'or et d'argent. L'intérêt du moment est celui de tous les gouvernemens , l'Angleterre n'en a pas d'autre , la sagesse des siècles se brise devant ce Dieu , le seul que connaissent les puisssances (B). Il y a donc tout à parier que le projet de l'auteur du nouveau Léviathan ne trouvera aucun accès auprès du cabinet anglais. Il porte sa condamnation en lui-même comme contraire à la constitution et sous ce point de vue , il ne doit pas même se flatter qu'on l'examinera , quelqu'avantage qu'il qu'il présente , considéré dans son influence sur l'existence politique de l'Angleterre. Il n'a pu sortir que d'une plume exercée à traiter des grands intérêts des nations, on y reconnaît l'homme supérieur qui a pénétré le labyrinte de la constitution d'Angleterre, et qui ne pouvant sauver le gouvernement a cru devoir le sacrifier à l'existence politique de l'état.

Dans la situation où en sont les choses dans ce moment, la grande tâche de la France est de vaincre l'Angleterre par l'énormité de sa dette qui surpasse 600 millions sterlings. Jamais problème plus important n'a pu et ne pourra être résolu par l'homme public. Si l'on se représente cette dette sous l'image d'un fleuve, le ministre anglais doit s'efforcer de rouler ses eaux de manière qu'il n'en résulte que du bien pour ceux qui lui ont confié leurs plus chers intérêts. La besogne de Napoléon, au contraire, est de briser la force de ce fleuve et de le faire refluer vers sa source. L'entreprise du ministre anglais offre des facilités considérée dans son ensemble, celle de Napoléon est hérissée de difficultés insurmontables sous quelque point de vue qu'on l'envisage : Les travaux d'Hercule ne sont rien, comparés avec elle. La force du génie doit briser la force des choses. Ici la subordination n'offre pas comme ailleurs un point d'appui, il faut créer, rien que créer et cette création est la destruction.

Plus on approfondit la nature de cette double entreprise, plus on doit croire que des motifs personnels bien puissans dirigent la conduite du chef auguste des Français et celle du premier ministre Anglais. L'examen de ces motifs est l'objet de ce traité, et ils se réduisent aux points suivans.

On ne peut disconvenir que la révolution française ne soit le résultat nécessaire de toutes les réactions du système colonial français sur l'intérieur de la France ; ou pour mieux dire, que c'est le produit de l'opposition qui s'y établit entre la noblesse héréditaire et la noblesse des richesses, du moment que cette dernière prit une part active au commerce d'outre-mer. Si donc l'on peut regarder la révolution comme terminée, la France offre à l'égard de son chef le caractère d'une souveraineté dont toutes les bases sont l'égalité politique des citoyens. L'examen le plus sévère ne met point en défaut ce principe et toute la force publique en émane. L'existence de l'état semble même y être attachée et toutes les institutions tendent à le sanctionner. Le système féodal ne pourra se relever en France, tant que ces institutions y seront en vigueur. Mais malheureusement le tems détruit tout, et le concordat et la légion d'honneur ne seront pas toujours ce qu'ils sont aujourd'hui. L'Angleterre d'ailleurs ne dort point. Si jamais elle parvient à détacher la France de ses colonies, si une flotte après l'autre est détruite, comme celle de Trafalgar ; qui garantit à la France que la même cause qui a fait disparaître

le droit féodal, en traînant sur ses pas la révolution ne le fasse revivre par l'effet des pertes que je
suppose ? Ce n'est pas cependant que des difficultés
bien grandes ne l'attendent sur son chemin ; mais
le passé sert de guide pour l'avenir, tout le monde
sait comment ce droit s'est établi et quelles vicis-
situdes il a éprouvées. Le principe constitutif de
la forme actuelle du gouvernement français né-
cessite de laisser à chaque citoyen un degré de
liberté politique, sans laquelle les bases de la
souveraineté du chef de l'état qui résident dans
l'égalité politique, n'offrent point de consistance
solide. Mais cette liberté doit se concilier avec la
culture des colonies et les progrès du commerce
d'outre-mer auquel tous les citoyens sont appelés
à prendre part : quelques chères que doivent être
à Napoléon ses créations sociales, quelque plaisir
que lui fasse le titre d'empereur des Français,
tout lui rappelle que des intérêts plus grands
doivent l'occuper tout entier, et que ces intérêts
consistent à vaincre l'Angleterre. Elle seule con-
trarie encore ses vues, elle seule a intérêt à ramener
l'ancien régime en France, qui seul lui garantit une
existence dans le système politique de l'Europe.
Il faut croire que Napoléon s'est assez pénétré de
cette vérité, pour se convaincre qu'il n'existe que
ce seul moyen de sauver et de maintenir ses institutions. Il ne serait plus Napoléon s'il pouvait
céder aux prétentions des Anglais, ne pas frapper

le coup qui seul peut prouver qu'il s'est compris lui-même. Frédéric II se battit pendant sept ans contre toute l'Europe, pour conserver à la Prusse la belle Silésie, qu'il regardait comme le garant de son existence politique; le même intérêt fait un besoin à Napoléon, des colonies, d'une marine et du commerce maritime, et tous ses efforts doivent tendre à reconquerir Saint-Domingue, ce point central du système colonial français, quand même il devrait y sacrifier vingt années de sa vie.

De son côté, l'Angleterre doit de plus en plus s'efforcer de vaincre la France. Qu'on lise le nouveau Léviathan, on verra quel faisceau invincible forment la constitution et la dette publique de l'Angleterre. L'auteur part comme d'un point géométrique, pour établir les bases de son système. Si vous lui accordez les premières propositions, vous ne pouvez que croire que tous les malheurs sous lesquels gémit l'Europe, sont l'ouvrage de la dette de l'Angleterre. La puissance du cabinet anglais est dans son crédit, son commerce, l'empire des mers et les emprunts qu'il commande. S'il méconnaît un instant ces bases d'existence nationale, il prononce son arrêt de mort, il doit par suite être l'ennemi de tous les gouvernemens et de tous les peuples qui aspirent au commerce, et aux avantages qu'il procure. La France sur-tout, qui ne peut pas s'en passer doit être l'objet de sa haine, et cette haine augmente en raison des efforts qu'elle fait pour en avoir. Mais l'Angleterre doit voir tous les ans s'accroître sa dette, elle ne peut donc que haïr à proportion tous les peuples qui contrarient ses vues, et tous les moyens doivent être trouvés bons aux yeux du premier ministre anglais, pourvu qu'ils le conduisent à résoudre le grand problème dont il est chargé. La morale, tous les principes du droit des gens doivent donc être subordonnés à ses calculs de grandeur et de prospérité nationale inséparable de l'existence politique de l'état et du gouvernement. Ces calculs manquent-ils leur effet, les généraux ne secondent-ils pas ses desseins, ou bien les subsides sont-ils payés sans fruit, tous les crimes doivent être à sa solde pour vaincre la destinée en opposition avec lui. De ces mesures dépendent le salut de l'état et la maxime du gouvernement doit être de s'isoler de plus en plus pour mieux frapper le coup qu'il médite. Il ne lui reste que cet expédient d'après l'impossibilité qu'il y a de traiter avec lui. Si les gouvernemens avaient été mieux instruits sur les ressorts et les résultats de la constitution de l'Angleterre, il y a lieu de croire que les choses n'en seraient pas venues à cette extrémité.

Deux grands buts tout-à-fait différens doivent se proposer Napoléon et le premier ministre anglais. La représentation de Napoléon se confond dans une souveraineté dont les bases sont l'égalité politique des citoyens, qu'il est obligé de maintenir, pour se maintenir lui-même (D). La représentation du ministre Anglais s'amalgame avec une non-souveraineté dont toutes les bases sont l'opposé de la première sans en être moins impérieuses pour l'existence politique de l'état (E). Ces vues différentes nécessitent des efforts nonmoins différens, mais qui ne doivent pas moins s'accorder avec le principe qui leur est particulier. Napoléon et le premier ministre anglais peuvent se deviner réciproquement, mais tout rapprochement devient impossible entr'eux. La France est assez vaste pour assurer sa liberté politique, l'Angleterre n'a point de garant de sa constitution dans l'Univers entier. Tous les ans, ses besoins augmentent, et il faut les contributions du monde entier pour y satisfaire. Qu'on juge d'après cela si jamais les deux cabinets de France et d'Anglerre peuvent se réunir, s'il ne faut pas au contraire que l'une ou l'autre puissance périsse dans le combat à mort qu'elles sont prêtes à se livrer. Les chances seront en faveur de le France, du moment qu'aucune diversion sur le continent n'arrêtera le bras vengeur de Napoléon. Cette époque n'est pas loin, et le rétour de la paix continentale qui avait été troublée vers la fin de l'an dernier en est un sûr garant. Que la Russie conserve une morgue contre la France, ses efforts seront impuissans pour rallumer les feux de la guerre sur

le continent, les revers de l'Autriche lui ont trop
bien appris à connaître ses intérêts, pour servir
ses desseins et son exemple sera suivi par tous
les autres gouvernemens. Mais la Prusse! mais
comment la Prusse pourra-t-elle épouser la
cause de la Russie, lors que toute sa conduite a prouvé de quel œil elle regardait la
guerre entre la France et l'Angleterre, et combien
il lui paraissait impolitique de faire une diversion
en faveur de l'Angleterre? Rien de plus naturel
que la Russie s'érige de puissance protectrice qu'elle
était, en puissance souveraine des Sept-Isles unies;
mais qu'elle ne se flatte pas d'entrainer la Prusse
à seconder ses desseins. Ce cabinet connaît trop
bien ses intérêts pour s'aveugler à ce point. Si
donc la Russie ne trouve point d'appui dans la
Prusse, ne faut-il pas croire que les autres puissances continentales s'aviseront encore moins de
faire une diversion contre la France! La guerre
doit donc se borner à la lutte entre celle-ci et
l'Angleterre, et lorsque l'échec de Trafalgar est
réparé par les derniers succès obtenus sur le
continent, toutes les chances de cette guerre
ne doivent-elles pas être en faveur de la France?
La Prusse et peut-être aussi d'autres puissances,
pourront à la vérité desirer que l'Angleterre soit
comprise dans la paix générale; mais tous leurs
bons offices ne rendront pas la France dupe d'un
second traité semblable à celui d'Amiens. La

guerre continuera donc comme par le passé : tout en fait une loi à la France , comme le seul moyen de maintenir sa liberté politique , elle est même attachée à la chûte de l'Angleterre, n'importe les moyens qui l'opèrent. Si une descente ne paraît pas devoir conduire à ce but , il faut que la ruine du commerce et du crédit de l'Angleterre, en entrainant la banqueroute, produise ce résultat.

Je n'ignore point qu'on redoute le comble des maux de cet événement, l'apparence tenant lieu de la réalité. Mais bien loin que la chûte de la constitution et de la dette publique de l'Angleterre soit un mal pour l'Europe , je vais prouver sans réplique que sa gloire et son bonheur en dépendent.

D'abord la France ne peut point gagner en puissance par la chûte de l'Angleterre. Elle est assez forte par elle-même pour ne pas desirer de plus grands succès sur le continent. Son despotisme, si jamais elle en a eu , n'a eu qu'une source, celle de ses rapports avec l'Angleterre. Si ces rapports cessent son despotisme tombe de lui-même; car depuis cent cinquante ans, il est provoqué par l'Angleterre, parce qu'elle avait intérêt à contrarier ses vues, à détourner son attention de la marine, des colonies et du commerce, en la plongeant dans des guerres toujours nouvelles et non moins désastreuses pour ses ennemis que pour elle-même. Mais telle est la destinée de l'Angleterre, que tout caractère national lui donne de l'ombrage, ce caractère donne de l'essor aux ames. Il faut le briser pour parvenir à son but. Il n'y avait pas de raison pour accuser la France d'aspirer à la monarchie universelle. Ce cabinet ne pouvait ni ne devait méconnaître qu'il n'avait pas le moyen de l'embrasser, et encore moins de la maintenir en supposant que le succès eût couronné cette entreprise. Cette vérité est si bien démontrée que, s'il avait pu en concevoir l'idée, le cabinet anglais aurait été le premier à en seconder l'exécution, pour mieux assurer celle qu'il méditait lui-même. La monarchie universelle considérée d'après son volume est un poids immense propre à écraser la puissance qui y aspire. Ce n'était point là le but de l'Angleterre, elle en aurait volontiers laissé le volume à la France, en s'en réservant la quintessence si le succès avait mieux secondé ses vues. Cependant elle n'y a pas mal réussi ; mais si la constitution venait à s'écrouler au moment où elle croirait l'avoir assise sur des bases inébranlables, c'est alors qu'on verrait à la fois toutes les puissances continentales se détacher d'elle, pour embrasser la cause de la France qui est la leur. Cette heureuse révolution rendrait la France à elle-même, elle se livrerait avec sécurité au commerce, à la marine, à l'exploitation de ses colonies, et moins occupée sur le continent, elle accorderait volontiers une plus grande liberté, devenue impossible dans l'état actuel des choses. Que ceux qui doutent de ces résultats, veuillent bien examiner de sang froid les motifs du contraire dont on accuse la France, ils verront que tout son despotisme n'a eu pour cause que d'éclairer, de forcer même les puissances continentales à reconnaître leurs véritables intérêts, sur lesquels l'or et l'argent, ou une faiblesse impardonnable leur avaient fasciné les yeux. Toutes les guerres, j'entends parler de la dernière, ont toujours été entreprises par une politique peu éclairée, et tous les hommes sages n'ont pu que gémir sur ces égaremens faute de moyens d'en tarir la source.

Les forces de l'Angleterre ne sont pas celles de l'empire britannique dans les deux mondes. Ce n'est qu'autant qu'on connait ces dernières qu'on peut se faire une idée des suites qu'amène la ruine de la constitution d'Angleterre. L'histoire n'offre point de fait aussi extraordinaire depuis que le monde existe. L'Univers entier prend une autre face si jamais cet événement arrive, et il sera bien difficile, sinon impossible que la France le fasse servir exclusivement à son profit. Plus fortes qu'elle les choses iront toujours leur train et dans l'impuissance de mettre la grande main sur tout ce qui était jusqu'à présent le domaine exclusif des Anglais, tous les peuples dont l'essor a été brisé par leur despotisme concourront à en

jouir comme d'un appanage commun. Le Dane-
marck, la Suède, la Russie même qui a le plus
contrarié le chef des Français, applaudiront à ses
efforts pour terrasser le léopard britannique. C'est
contre l'Angleterre, et non contre la France, que
les Gustave, les Alexandre auraient du tourner
leurs armes, leurs regrets viennent trop tard, leur
aveuglement a mieux servi Napoléon que toute
alliance qui leur aurait fait partager sa gloire. Ils
ont sacrifié le bonheur de leurs peuples à des
considérations particulières incompatibles avec
le haut rang dont ils sont revêtus. La Russie est
loin encore de prendre ce grand essor qui l'appelle du néant à la vie, son tiers-état est nul,
comme la liberté du commerce entravée par-
tout par l'influence du cabinet anglais. Jamais
la politique russe n'a été en défaut comme pendant la dernière guerre, et aujourd'hui.

Mais quel garant a-t-on, j'entends s'écrier de
toutes parts, que la France n'exercera pas sur
mer un empire plus absolu que l'Angleterre ?
Cette question est résolue d'avance par sa constitution. Si elle vous offre les mêmes données qui
déterminent le despotisme de l'Angleterre, crai-
gnez son retour en France ; autrement votre
question devient inutile. Mais la constitution
française ne présente pas même l'ombre du despotisme qu'on lui prête. Il n'y a donc pas à craindre
que jamais la France marche sur les traces de

l'Angleterre. Les lois ont séparé en Angleterre le pouvoir législatif du pouvoir exécutif, le peuple aurait vu dans leur réunion le despotisme sur le trône, et il n'en voulait point.

Il était impossible d'asseoir sur des bases solides cette séparation sans ôter au roi les deniers de la nation, sans le borner à une liste civile, et enfin sans rendre nécessaire le consentement de la nation ou du parlement pour toute nouvelle levée d'impôts. On en vint donc à cette extrémité sans songer que les rois retrouveraient dans les affaires du dehors de quoi se dédommager bien amplement de ce qu'ils venaient de perdre d'autorité dans l'intérieur. Il n'y avait que deux moyens pour parvenir à ce but, le premier était d'écraser la nation d'impôts; le second un système d'emprunts toujours renaissans, pour attacher son existence à toutes les chances de la destinée liée aux affaires du dehors. Les rois préférèrent le dernier moyen (F); et le résultat en fut une dette de plus de 600 millions de livres sterlings contractée dans l'espace de cent vingt ans, dont il faut payer les intérêts pour maintenir et accroître chaque jour le crédit public. De là ce despotisme sur mer, qui seul fait trouver au gouvernement les sommes nécessaires pour payer les intérêts de la dette publique et diriger à son gré les cabinets de l'Europe. Quelle différence entre cette position et celle de la France qui trouve dans sa consti-

tution un contre-poids contre tout despotisme ;
tandis que celle d'Angleterre en renferme tous
les élémens dans la séparation des pouvoirs, qui
tôt ou tard sera le tombeau des états de l'Europe (G). Par cette séparation, l'Angleterre est
une véritable polyarchie, comme la France par
leur réunion, est une véritable monarchie. La
différence de ces deux constitutions ne peut man-
quer d'amener un jour des résultats favorables
à l'espèce humaine en Europe (H). Ce qui dé-
termine le despotisme de l'Angleterre, c'est son
système d'emprunt et la dette qui en est inséparable. La France n'est point dans cette hypothèse,
son gouvernement est monarchique, elle veut le
conserver, et elle ne le peut qu'autant qu'elle
écarte tout système d'emprunt dans le sens de
celui qui a été adopté par l'Angleterre. Fidelle à
ce principe, il est impossible que la France de-
vienne jamais despotique, et à en juger par les
flots de sang que lui a coûtés sa liberté politique,
l'on ne peut douter qu'elle n'étende ce bienfait à tous
les autres peuples. Il est contre la nature d'un bon
gouvernement qu'il se constitue débiteur de la
nation : cela seul explique l'impossibilité que
jamais le cabinet de France adopte un pareil système, et tous les autres gouvernemens en feront
autant. Le gouvernement anglais ne manque peut-
être de libéralité, que parce que sa pauvreté au
milieu des richesses nationales qu'il a intérêt à

protéger pour sa propre conservation, lui en fait la loi.

L'esclavage nous a abrutis au point que nous tremblons devant l'heure de la liberté comme de la mort. Nos libérateurs sont pour nous des anges exterminateurs, des tyrans qui nous livrent, lorsqu'ils n'ont à cœur que de nous rendre la vie et le bonheur. Qu'on examine les causes de la misère publique, de tous les fléaux accumulés sur l'Europe; n'est-ce pas cette montagne de papier, cette dette publique inséparable de la constitution d'Angleterre, et elle ne s'écroulerait pas ! La source de nos maux est dans la disproportion désastreuse qui existe entre le numéraire et le papier. Elle est l'ouvrage de l'Angleterre, et elle ne peut disparaître qu'avec sa constitution, sa dette publique et son système d'emprunts qui fond tous les rapports de l'Univers en elle. Les théories les plus absurdes ont été enfantées, tant l'or et l'argent de cette puissance avaient fait croire à l'impossibilité de briser ses fers. Dans ce nombre figure notamment celle de M. *Leopold Krug*, dans son traité *sur la richesse nationale de la Prusse, et sur l'aisance de ses habitans*. Il n'y règne qu'une idée, mais qu'elle idée ! La Prusse ne serait rien dans moins de dix ans si le gouvernement pouvait l'embrasser. L'auteur condamne ses manufactures, ses fabriques, parce qu'elles ne peuvent soutenir la concurrence de celles d'Angleterre, par l'effet de son système d'emprunts qui tue tout autour de lui. Il ne lui suffit pas d'isoler l'agriculture de l'industrie générale de l'état, il veut encore qu'elle achète chez l'étranger tous les objets de fabrique nécessaires à la consommation, en donnant contre des matières premières, dont le superflu assure des bénéfices certains.. De pareilles absurdités ne peuvent trouver leur pardon que dans la tête d'un professeur de statistique qui n'a rien de commun avec un homme d'état. Je rougis de rappeller ici la joie que nous ont causée les nouvelles de la prise des colonies françaises et hollandaises, la perte de tant de vaisseaux français sautés en l'air ou amenés dans les pors d'Angleterre. Nous redoutons le despotisme de la France, la perte de ses colonies nous transporte hors de nous-mêmes, et ce sont ces mêmes colonies qui nous débarrassent de l'excédent de sa population, qui nous garantissent notre existence politique, en même tems qu'elles nous procurent à un prix plus modéré tous les agrémens de la vie par l'effet d'une concurrence utile! Que dis-je, n'est-ce pas le fruit de notre propre industrie qui est la proie des Anglais, ainsi que cela vient d'arriver avec la prise des vaisseaux de registres espagnols dont les pauvres habitans des montagnes de la Silésie sont les victimes malheureuses. Non, jamais l'industrie allemande ne pourra prospérer tant qu'il y aura un peuple jaloux de toute autre prospérité que la sienne. Trop long-tems le cabinet britannique a abusé de notre indulgence, bientôt nous ne serions réduits qu'au produit de nos champs abandonnés faute de manufactures et de fabriques qui les vivifient.

Il s'en faut donc de beaucoup que la ruine de la constitution d'Angleterre soit la perte de l'Europe, lorsqu'il est prouvé que cet événement seul en assure la paix et le bonheur. Tous les principes du droit des gens ont été méconnus de nos jours. Tout le monde croyait posséder cette science, parce que tout le monde en parlait ; mais si l'on en avait eu des idées saines, aurait-on jamais séparé le droit des gens continental du droit maritime, et celui-ci du droit public. O comble du délire que rien n'explique si ce n'est la pauvreté et la faiblesse de la plupart des états de l'Europe, la ruine totale de tout équilibre entre le papier et l'argent ! Que fallait-il de plus pour assurer des partisans à l'Angleterre, lorsque ce ver rongeur forçait tout le monde de se jetter dans ses bras? Si jamais on parvient à s'en guérir, que de reproches n'aura-t-on pas à se faire d'avoir pu croire au respect de l'Angleterre pour le droit des gens, tout homme impartial convient déjà qu'elle ne prospère que par le mal-aise général.

Il n'y a plus de moment à perdre pour tarir

la source de tant de maux, le désespoir marche
à leur suite. Des scènes impossibles à prévoir
doivent être le résultat d'un état prolongé de ces
souffrances pour lequel il n'y aurait de remède
que dans une dissolution générale des états de
l'Europe (J). Voulez-vous en attendre l'époque, ou
préférez-vous une existence paisible dans une sainte
ligue contre l'ennemi commun? L'Angleterre !
Sans doute que la haine, l'envie, toutes les pas-
sions malfaisantes prêteront des intentions sinistres
au grand homme qui a conçu ce vaste dessein; mais
tel a été le sort des bienfaiteurs des peuples, tel
doit être celui de Napoléon incomparable comme
la tâche qu'il s'est imposée. Non, jamais il n'a pu
avoir d'autre plan que de mettre en vigueur les
principes éternels du droit des gens qui n'ont
existé jusqu'à présent que sur le papier.

O vous habitans de l'Allemagne méridionale
qui avez payé si cher les fautes d'une politique
contraire à vos véritables intérêts (L) ne vous lais-
sez point aller à la douleur qui vous accable. Votre
bien-être n'est pas détruit sans retour, la paix
va vous rendre à vous mêmes, à votre industrie,
vous y trouverez de nouveaux moyens d'agran-
dir la somme de vos jouissances et ce bienfait sera
d'autant plus grand qu'il sera plus durable. Les
feux de la guerre semblent être éteints pour
long-tems. Une nouvelle coalition en faveur de
l'Angleterre devient impossible, livrée à elle-

même elle succombera dans sa lutte contre la
France, et ce succès vous garantit tous ceux
que vous avez droit d'attendre de la chûte d'un
gouvernement en opposition avec eux. Vous re-
trouverez au centuple le bien-être qui vous a fui,
une fois que votre industrie pourra reprendre
son essor par la révivification de tous les canaux
de la vie sociale desséchés par la disparition du
numéraire qui est entre les mains des Anglais.
L'histoire n'offre point d'exemple que jamais
gouvernement se soit trouvé au pouvoir du commerce. Plus le commerce était le domaine du
petit nombre, plus les peuples en ont éprouvé
d'inconvéniens et les époques les plus heureuses
pour eux ont toujours été celles où il n'était
point lié à aucune classe de citoyens en particulier.

Cette heureuse époque s'ouvre pour nous. Le
citoyen du monde se félicite d'avance d'être
témoin d'aussi belles destinées ; et vous tous qui
avez été victimes de l'or corrupteur de l'Angleterre, vous devez vous en consoler en pensant
que la liberté ne s'achète, comme le paradis,
qu'à force de sacrifices et que c'est vivre deux
fois que d'en oublier jusqu'au souvenir (M).

NOTES DU TRADUCTEUR.

(A).

L'Auteur aurait dû prendre pour épigraphe : *Quot capita, tot sensus* ; car d'après les difficultés que présente la solution de ce problême, d'après encore l'esprit de parti qui préside au jugement du grand nombre, il n'y a pas de doute que cette solution n'offre autant de prise à la critique que la vie de l'homme public qui consacre ses veilles au bonheur de ses semblables. D'ailleurs dans l'état où en sont les choses, dans l'abime où semblent se perdre les ressorts des gouvernemens, il n'appartient guère à l'individu, mais au gouvernement seulement à pénétrer ceux qui meuvent l'état d'Angleterre, ils doivent-être connus de Napoléon, et lui seul peut résoudre le grand problême dont il est question.

(B).

La sagesse des siècles est la vérité et rien n'est bon que la vérité et que ce qui en émane. D'après cela , comme les hommes ne sont point la vérité, ce qui est vrai est rarement bon pour eux , et toute l'histoire prouve que ce principe est vrai en sens inverse , c'est-à-dire que tout ce qui est bon est vrai. Les deux principes se touchent néanmoins dans un même point ; et c'est dans ce point qu'il est vrai de dire que *ce qui est bon est vrai*, et *que ce qui est vrai est bon*.

(C).

L'Angleterre se trouve dans le cas d'un homme attaqué dans son existence et à qui tout est permis pour sa propre conservation. Cette position est l'ouvrage de sa constitution, de sa dette intimément liée avec sa constitution. Les suites n'en n'ont pû être prévues ; mais elles existent, et il n'y a du remède que dans le mal même. Cette position est en même tems l'effet de toutes les combinaisons de destruction et de despotisme qui en dépendent. Ce qui a été dans le principe l'ouvrage du hasard est aujourd'hui celui de la réflexion qui tue de sang froid tout ce qu'elle rencontre.

(D).

Le grand homme qui se met à sa place en franchissant tous les intermédiaires qui le séparent du trône, semble avoir en lui-même assez de moyens pour s'y maintenir. S'il prend des mesures pour garantir à l'état ses institutions, s'il en ajoute de son propre fonds, ces institutions ne peuvent que consolider son ouvrage, mais ne semblent pas indispensables pour assurer son existence.

Les bons princes chez tous les peuples n'ont formé qu'une personne morale avec eux, et tant que leurs droits ont été les mêmes avec ceux de leurs sujets, l'état et le gouvernement ont éprouvé tous les bienfaits résultans de l'unité des moyens qui tendent au même but. Cette heureuse amalgame des droits du prince avec ceux du peuple est le garant de la tranquillité générale, qui donne la vie et le mouvement à l'état, qui assure à tous la somme des jouissances qu'ils sont en droit d'attendre de l'emploi de leurs moyens physiques et moraux. L'égalité des droits se confond ici dans ceux du prince qui dort d'un sommeil paisible au milieu d'un peuple adoré. Le grand homme qui commence une dynastie dans sa personne se survit à lui-même dans ses institutions, et ces institutions sont la loi ou plutôt les mœurs publiques plus fortes et plus durables que la loi. Ses successeurs ont un chemin tracé pour jouir tranquillement de son ouvrage, et tant que son esprit plane sur leurs têtes, les mêmes principes de vie et de mouvement semblent animer la machine politique.

Si cet heureux accord entre le peuple et le prince touche à sa fin, tous les symptômes d'une révolution menacent l'état d'une dissolution prochaine, et la force seule peut en empêcher l'éclat. Dans cet état de choses , les peuples se croyent aisément déliés de leurs sermens , et l'égalité des droits prend dès-lors de la réalité ; de chimère qu'elle paraissait être , elle devient pour chacun un sentiment de sa force et de sa dignité , et les choses rentrent dans l'état où les a trouvées le chef qui s'est mis à la tête d'une nouvelle dynastie. Son étoile n'a plus d'influence sur la masse, elle ne commande plus le respect aux peuples et aux individus, chacun croit en avoir une à lui et s'imagine être appelé à prendre les rênes de l'état , parce que l'illusion et le besoin fascinent les yeux à tous sur le néant de leurs moyens ; et souvent ce n'est que par des excès et des cruautés que ce sentiment trompeur d'une élévation passagère à laquelle ils aspirent , signale son existence.

Le grand homme qui au milieu de ces scènes d'horreur s'élève à la hauteur de sa destinée , est l'homme par excellence que la providence appelle à prendre les rênes de l'état, l'hommage des peuples s'attache à ses pas , il commande le respect et l'admiration à ceux-mêmes qui sont jaloux de le voir placé au premier rang : être privilégié tous les rapports des peuples semblent se confondre dans sa personne , et il en est le type et l'essence dans le génie qui lui inspire ses pensées et anime ses actions ! Toutes les classes de la société , tous ceux-mêmes que des talens éminens semblent élever au-dessus de lui s'empressent de reconnaître sa supériorité, et c'est à qui sera le premier à chanter ses louanges , à seconder ses vœux pour la prospérité publique et individuelle. C'est ici que commence la ligne de démarcation entre le besoin d'obéir et celui de commander dans lequel il est renfermé. L'égalité en droit cesse dès-lors de faire entendre sa voix , et le grand homme qui s'est mis à la tête de l'état semble avoir un droit particulier et qui diffère absolument de celui de la masse , puisque tous lui accordent une supériorité qu'il ne leur est plus permis de lui disputer. De souverains

qu'ils croyaient-être, ils se placent d'eux-mêmes au rang
de sujets et le droit de la nature commun à tous se fond
dans celui du prince qui n'en forme plus qu'un seul avec
ce droit, le principe de tous les autres. Dans cette situation
des choses, l'intérêt du prince semblerait devoir lui commander de prendre des mesures pour le transmettre à ses
descendans ; mais le grand problême de la garantie
sociale est aussi difficile à trouver que la quadrature du cercle,
et la durée des empires est l'ouvrage du hasard comme celle
des familles et des individus, qui dépend de mille circons-
constances qu'on ne saurait prévoir, et que font naître quelque fois les soins mêmes qu'on prend de les prévenir.

(E).

On ne sait pas trop quelle idée l'auteur attache à la représentation d'une non - souveraineté qu'il attribue au roi
d'Angleterre. Si les rois de ce pays sont limités dans l'exercice
de leurs droits, ce sort leur est commun avec tous les princes
souverains de l'Europe, à l'exception de celui du Danne-
marck qui n'a pas de loi au-dessus de lui, si ce n'est celle
de son intérêt, et des principes de civilisation répandus dans
toutes les cours, comme au sein de tous les peuples.

Le caractère particulier de toute les monarchies est de
reposer sur des lois fondamentales plus ou moins restrictives
des pouvoirs des souverains, et si les droits des princes sont
circonscrits, ils ne laissent pas toujours d'être la source de
tous les pouvoirs qui en émanent et tous se concentrent dans
leur personne. Les rois d'Angleterre ne représentent donc
pas moins une souveraineté aussi parfaite que celle des autres
princes, et s'il y a une différence entre la leur et celle de ces
derniers, c'est que la représentation de la souveraineté dont
aujourd'hui N A P O L É O N est le chef, repose sur l'égalité
politique des citoyens qui n'existe pas de même dans les
autres états de l'Europe. Ce n'est point dans cette idée qu'il

faut chercher la monstruosité du gouvernement d'Angleterre,
mais bien dans sa dette, dans ses emprunts, dans une
violation de tous les principes du droit des gens et de la
morale qui en est le résultat.

(F).

L'art de régner est le comble de la perfection humaine,
quelques grands princes l'ont apperçu de loin et les Titus,
les Charlemagne, les Henry IV, seront toujours époque dans
les annales du genre humain, et seront regardés, comme les
maitres de cette science.

Si les rois d'Angleterre avaient pu prévoir les suites d'un
système d'emprunt qui était bon pour le moment, ils se
seraient sans doute gardé d'etablir dessus les bases de leur
autorité : ils pouvaient atteindre ce but par d'autres moyens
moins dangereux, et il faut croire que le tems donnera la
clef de l'art de régner qui semble se personnifier dans l'un
ou l'autre grand prince.

Cette clef serait peut-être un système de commerce bien
combiné, basé sur les fortunes individuelles et de l'état et
dont l'emploi serait dirigé vers le grand but du bonheur
public et individuel, en y faisant servir toutes les forces physiques et morales de la nation d'après une subordination
graduée sur les secours qu'elles empruntent les unes des
autres relativement à l'objet sur lequel elles s'exercent : mais
les soins de la tranquilité générale, l'emploi de la force et
des deniers publics absorbent en grande partie l'attention des
chefs des peuples, et ils ne peuvent, dans leur moralisation
actuelle, remplir tous les devoirs d'un père de famille,
qui consistent d'un côté à empêcher le mal et de l'autre
à faire autant de bien que les dispositions de sa famille
semblent devoir le permettre.

Ce même plan serait le modèle d'un gouvernement
perpétuel du genre humain, il offrirait aux gouvernemens

comme aux peuples une garantie parfaite de leurs droits,
il serait pour ceux-ci le germe d'un développement toujours croissant de force et de puissance. Toutes les modifi-
cations de l'esprit humain , toutes les perfections sociales à
désirer y trouveraient leur compte ; et c'est ainsi que
les droits du peuple et du prince fondus dans un même
tout formerait à jamais un faisceau indestructible comme
le tems qui en marquerait la force et la durée.

(G).

Ce tombeau n'en est peut-être un que pour les états qui
se vendent à l'Angleterre et non pour ceux qui, à l'exemple
du gouvernement français tendent à faire le bonheur de
leurs peuples. Le français a vû décupler, centupler ses forces
sous la république ; plus grand encore sous le règne de Na-
POLÉON , il a pris les ailes du tems pour venger l'honneur
national outragé par les aigles autrichiennes. Cette heureuse
époque sur le continent est celle de l'Angleterre sur mer ,
mais celle-ci est l'ouvrage des circonstances , celle-là l'ouvrage du génie qui plane sur la France et maîtrise les
évènemens.

L'homme qui a le sentiment de sa dignité sera bien dans
tous les états qu'il embrasse : l'esclavage avait courbé la tête
du français , il s'était même honoré d'adopter pour ses ha-
billemens la couleur des excrémens du prince héréditaire ,
cet avilissement de l'esprit national a dû avoir son terme ;
et comme les deux extrêmes se touchent , il a dû s'élever en
raison de la bassesse qui avait marqué ses pas. Heureux s'il
n'avait pas signalé cet essor par des exterminations qui ont
flétri le nom français ! Mais ces écarts sont l'ouvrage de ses
chefs , et la postérité placera toujours dans les tems fabuleux
les exploits de nos guerriers qui, s'isolant de tous les partis
ont sauvé la patrie. Ce sentiment de sa grandeur a élevé le
soldat au rang des êtres surnaturels , et l'estime que lui a

vouée son chef doit-être la terreur des ennemis de la nation française.

Le même sentiment inspire peut-être l'Anglais depuis qu'il existe une charte constitutionnelle qui assure ses droits, sa liberté et la gloire de son nom. C'est à ce sentiment et non à une séparation imaginaire des deux pouvoirs qu'il faut attribuer les suites que redoute notre auteur. L'anglais a l'illusion pour lui, la confiance dans sa charte constitutionnelle est le garant de son attachement à la patrie et au gouvernement, et la dette qui pèse sur lui a resserré ces liens de manière qu'il faut que l'état s'écroule plutot que de voir s'affaiblir ce ressort qui meut la machine politique.

(H).

On pense que l'auteur resserre dans de trop étroites limites le sujet qu'il avait à traiter. La chûte de la constitution d'Angleterre devait-être considérée dans les suites qu'elle entraine pour les quatre parties du monde et non pour l'Europe seulement. Le dégré de civilisation qu'elle avance ou recule est la mesure du bien ou du mal qu'elle opère, on ne peut en juger qu'en déterminant ce dégré par les faits qui l'ont précédé, et le passé et le présent donnent la solution de l'avenir.

Envisagée sous ce point de vue la question aurait acquis un plus haut dégré d'intérêt, et les résultats auraient été peut-être encore plus satisfaisans.

(J).

Par le même motif que l'Angleterre aspire à l'empire des mers, au commerce de l'univers elle doit organiser un système général d'insurrection propre à amener la dissolution des états qui, étant divisés en une infinité d'autres lui offrent le moyen de les diriger à son gré. C'est ainsi que la liberté du monde sera son ouvrage, tout en voulant la destruction

générale. On suppose que les hommes deviennent assez
raisonnables pour en jouir sans regret.

(K).

Les difficultés d'anéantir la marine d'Angleterre ont dû
paraître telles qu'elles sont à l'Empereur des Français. Ce
motif a pu lui faire essayer d'obtenir ce résultat par des
moyens indirects, mais non moins propres à atteindre ce but.
Il fallait créer des marins, bâtir des vaisseaux, à force de
pertes espérer de lutter avec succès contre une marine for-
midable. Ces succès étaient lents et le tems seul aurait pu les
amener. Loin d'attendre ce terme NAPOLÉON a préféré de
mettre le continent dans ses intérêts, de créer un système
fédératif qui assure la chûte du commerce de l'Angleterre
en lui fermant tous les débouchés, tous les moyens propres
à alimenter sa marine, à payer les intérêts de la dette publique
et à faire de nouveaux emprunts pour prolonger le fléau de
la guerre.

Ce système est infaillibe, il conduit aux mêmes résultats
qu'aurait offerts la guerre faite au commerce anglais par des
corsaires, sans coûter la vie à personne ; il démontre à toutes
les puissances l'intérêt qu'elles ont à avoir leur part dans le
commerce de l'univers, et à voir la liberté des mers former
la base d'un nouveau pacte politique qui la leur garantisse.

(L).

On serait presque tenté de croire que la guerre de trente
ans, la paix de Westphalie et toutes les guerres survenues
depuis ont été l'ouvrage du cabinet britannique. En divisant
l'Allemagne en une infinité de petits états, chaque prince
avait un intérêt particulier en opposition avec l'intérêt général de l'empire. L'angleterre ne pouvant dominer l'Autriche qui, comme toutes les grandes puissances pouvait
contrarier ses vues, devait s'efforcer de l'écraser, en soufflant
au cardinal de Richelieu l'idée de soulever contre elle les

princes protestans et même les princes catholiques qui vou-
laient faire cause commune contre elle. Si NAPOLEON suit
une politique opposée, en faisant disparaître ces petits
princes pour faire place à de grands états, il ne peut avoir
en vue que de porter le coup de grace à l'Angleterre.

(M).

L'ambition de Rome, la doctrine du droit féodal, la division
de l'Europe en un grand nombre d'états, le système d'équilibre de cette partie du monde, les guerres qui en ont été le
résultat, ont toujours paru aux philosophes une source in-
tarissable de maux pour l'espèce humaine, et sans songer au
bien qui en est résulté, ils n'ont vû que le mal du moment
qui marchait à la suite de ces différentes causes.

Certes, l'ambition de Rome a été dans le principe, un
fléau destructif de tous les sentimens de bienveillance qui
semblent devoir unir le genre humain ; mais sans cette ambition, sans les guerres éternelles qu'elle a enfantés, le monde
serait-il parvenu au dégré de civilisation qu'il devait atteindre ? L'art de la guerre a servi le genre humain, il a fait
applanir des montagnes, abattre des forêts, défricher la
terre, établir des routes de communication d'un bout du
monde à l'autre, des relations nouvelles entre des peuples
qui ne se connaissaient pas, l'échange de tous les besoins
et de tous les agrémens de la vie, un sentiment
universel de bienveillance, l'habitude de vivre en société,
une plus grande somme de jouissances, le sentiment de
surbordination, le sacrifice de l'intérêt personnel à l'intérêt
commun, une force expansive de toutes ces vertus, des sentimens généreux, un accord commun entre les hommes, un
concours et une tendance réciproque pour exécuter de grands
desseins, pour se surpasser, pour se survivre par des actions
d'éclat ou par des travaux opiniâtres, enfin le sentiment
de l'immortalité, l'héroisme, l'homme rival des Dieux, ne

sont-ils pas sortis de cette lutte d'un peuple contre tous qui a succombé sous eux au moment que le Dieu des Germains jura sa perte.

Le même bienfait a été la suite de la division de l'empire romain et sur-tout de l'Allemagne en une infinité d'autres états qui par la force majeure des circonstances ont dû déployer toutes les ressources de l'art pour sortir de l'état d'abrutissement où leur isolement les avait réduits.

Le système féodal a fait défricher la terre, il a établi un ordre social, un droit utile quoique imparfait, il a développé les germes de la sociabilité que l'homme apporte dans ce monde, il a fait reconnaître une espèce de dépendance entre les hommes, il a établi des liens de subordination et a conduit l'homme par gradation au développement de ses facultés, qui aurait amené sa destruction sous les chaînes que ce droit leur a forgées. Sitôt que ces vues de la providence étaient remplies, sitôt que la terre défrichée, l'Europe entraînée à marcher vers un plus haut dégré de civilisation, les liens de la sociabilité et d'une bienveillance plus générale étendus avec force offraient la perspective d'un changement total dans l'esprit public, la perte du droit féodal était assurée et la découverte de l'Amérique devait l'amener par l'extension donnée à toutes les forces de l'homme, par une tendance générale à s'approprier les bienfaits de la nature et du génie des arts d'un pôle à l'autre.

De l'Imprimerie de ROUSSEAU, rue du Foin-St.-Jacques.